Detective Fox and Other Stories: Bilingual Italian-English Stories for Kids

Pomme Bilingual

Published by Pomme Bilingual, 2024.

DETECTIVE FOX AND OTHER STORIES: BILINGUAL ITALIAN-ENGLISH STORIES FOR KIDS

First edition. June 30, 2024.

ISBN: 979-8227149909

Written by Pomme Bilingual.

Table of Contents

Il Coniglio Coraggioso e il Bosco Misterioso

C'era una volta, nel cuore di una foresta incantata, un coniglio di nome Riccardo. Riccardo non era un coniglio come gli altri. Non solo aveva un pelliccia soffice e bianca come la neve, ma possedeva anche un coraggio che lo distingueva da tutti gli altri abitanti del bosco.

Ogni giorno, Riccardo amava esplorare nuovi angoli del bosco. Era sempre alla ricerca di avventure e misteri da risolvere. Ma c'era un angolo del bosco che Riccardo non aveva mai osato avvicinare: il Bosco Misterioso.

Il Bosco Misterioso era un luogo avvolto da nebbie dense e ombre inquietanti. Gli alberi erano così alti che sembravano toccare il cielo, e le foglie sussurravano storie di spettri e magie. Nessun animale del bosco osava entrarvi, e nessuno aveva mai visto cosa si nascondeva al suo interno.

Un giorno, mentre Riccardo passeggiava vicino al limite del Bosco Misterioso, sentì un piccolo gemito. Si fermò e ascoltò attentamente. Il gemito sembrava venire da dentro il bosco. Riccardo, con il cuore che batteva forte per l'emozione e il timore, decise di entrare.

Camminò tra gli alberi alti e il terreno umido. La nebbia avvolgeva tutto intorno a lui, ma Riccardo non si lasciò intimorire. Continuò a camminare seguendo il suono del gemito. Dopo un po', arrivò in una radura. Al centro della radura c'era un piccolo uccellino, intrappolato in una rete di rami.

"Ciao, piccolo uccellino!" disse Riccardo con gentilezza. "Come sei finito qui?"

"Non lo so," rispose l'uccellino con voce tremante. "Stavo volando e mi sono trovato intrappolato. Ho paura."

Riccardo, nonostante la sua paura del Bosco Misterioso, si avvicinò all'uccellino e cominciò a cercare un modo per liberarlo. Dopo un po', trovò un paio di rami che potevano essere piegati. Con pazienza e delicatezza, Riccardo riuscì a liberare l'uccellino.

"Grazie, Riccardo!" disse l'uccellino, saltellando di gioia. "Sei davvero coraggioso. Questo bosco non è solo misterioso, ma anche pieno di meraviglie e di amici in difficoltà. Sei stato molto gentile ad aiutarmi."

Riccardo sorrise felice. "Sono contento di aver potuto aiutarti. Ricorda, anche nei luoghi più misteriosi e spaventosi, ci possono essere opportunità di fare del bene."

L'uccellino, liberato e felice, volò via nel cielo azzurro. Riccardo si sentì soddisfatto e, mentre usciva dal Bosco Misterioso, si rese conto che il vero coraggio non era l'assenza di paura, ma la capacità di affrontarla per aiutare gli altri.

Da quel giorno, Riccardo continuò a esplorare il bosco, ma ora il Bosco Misterioso non gli sembrava più così spaventoso. Anzi, lo trovava un luogo pieno di segreti e di meraviglie. E ogni volta che qualcuno aveva bisogno di aiuto, Riccardo era sempre pronto a rispondere alla chiamata.

E così, nel cuore del Bosco Misterioso, Riccardo divenne una leggenda: il Coniglio Coraggioso che, con il suo cuore gentile, aveva trasformato un luogo di paura in un angolo di amicizia e di magia.

The Brave Rabbit and the Mysterious Forest

Once upon a time, in the heart of an enchanted forest, there was a rabbit named Riccardo. Riccardo was not like other rabbits. Not only did he have fur as soft and white as snow, but he also possessed a courage that distinguished him from all the other inhabitants of the forest.

Every day, Riccardo loved to explore new corners of the forest. He was always searching for adventures and mysteries to solve. But there was one corner of the forest that Riccardo had never dared to approach: the Mysterious Forest.

The Mysterious Forest was a place shrouded in dense mists and unsettling shadows. The trees were so tall they seemed to touch the sky, and the leaves whispered stories of ghosts and magic. No animal in the forest dared to enter, and no one had ever seen what lay inside.

One day, as Riccardo was walking near the edge of the Mysterious Forest, he heard a faint whimper. He stopped and listened carefully. The whimper seemed to come from within the forest. With his heart pounding with excitement and fear, Riccardo decided to enter.

He walked among the tall trees and the damp ground. The mist enveloped everything around him, but Riccardo was undeterred. He continued walking, following the sound of the whimper.

After a while, he arrived in a clearing. In the center of the clearing was a small bird, trapped in a web of branches.

"Hello, little bird!" Riccardo said kindly. "How did you end up here?"

"I don't know," replied the bird with a trembling voice. "I was flying and got trapped. I'm scared."

Riccardo, despite his fear of the Mysterious Forest, approached the bird and began to look for a way to free it. After a while, he found a few branches that could be bent. With patience and gentleness, Riccardo managed to free the bird.

"Thank you, Riccardo!" said the bird, hopping with joy. "You are truly brave. This forest is not only mysterious but also full of wonders and friends in need. You were very kind to help me."

Riccardo smiled happily. "I'm glad I could help you. Remember, even in the most mysterious and frightening places, there can be opportunities to do good."

The bird, freed and happy, flew away into the blue sky. Riccardo felt satisfied, and as he left the Mysterious Forest, he realized that true courage was not the absence of fear, but the ability to face it to help others.

From that day on, Riccardo continued to explore the forest, but now the Mysterious Forest no longer seemed so frightening. In fact, he found it a place full of secrets and wonders. And whenever someone needed help, Riccardo was always ready to answer the call.

And so, in the heart of the Mysterious Forest, Riccardo became a legend: the Brave Rabbit who, with his kind heart, had transformed a place of fear into a corner of friendship and magic.

Il Detective Volpe e il Mistero del Boschetto Incantato

Nel cuore di un vivace bosco chiamato Bosco Allegro, viveva una volpe di nome Ferdinando. Ferdinando non era una volpe comune; era il detective più famoso e astuto dell'intero bosco. Con il suo cappello da detective e la sua lente d'ingrandimento, Ferdinando risolveva i misteri più complicati e scopriva segreti nascosti. Gli animali del bosco si rivolgevano sempre a lui quando qualcosa andava storto.

Un giorno, mentre Ferdinando stava godendo una rilassante passeggiata vicino al fiume, ricevette una visita inaspettata. Era la Signora Rosina, una gentile coniglietta dai grandi occhi verdi e dal pelo morbido come un batuffolo di cotone.

"Detettivo Ferdinando, ho bisogno del tuo aiuto!" esclamò Rosina, ansimando. "Il mio giardino è stato visitato da qualcuno, e ora tutti i miei deliziosi ortaggi sono spariti!"

Ferdinando, sempre pronto per una nuova avventura, si sistemò il cappello e si avvicinò al giardino della Signora Rosina. Era un angolo incantevole, con carote arancioni, lattuga verde brillante e pomodori rossi come il fuoco. Ma ora, tutti questi ortaggi erano scomparsi. Solo alcuni frammenti di foglie e tracce di terra smossa rimanevano.

"Osserviamo attentamente," disse Ferdinando, esaminando il terreno con la sua lente d'ingrandimento. "Notiamo che ci sono delle piccole impronte di zampa che conducono verso il boschetto vicino."

Rosina guardò con preoccupazione verso il boschetto. "Spero che non si tratti di un brutto scherzo," disse.

Ferdinando si avviò verso il boschetto, seguendo le impronte. Il boschetto era un posto incantevole ma anche misterioso, con alberi che si intrecciavano e fiori colorati che sembravano brillare. Le impronte sembravano condurre sempre più in profondità nel boschetto.

Dopo un po', Ferdinando si trovò di fronte a una piccola casetta di legno, avvolta da edera e circondata da una piccola recinzione. Le impronte portavano proprio lì. Ferdinando bussò alla porta e, dopo alcuni secondi, un piccolo visone con occhiali spessi e un cappotto a righe aprì la porta.

"Buongiorno! Sono il detective Ferdinando," disse Ferdinando. "Mi chiedevo se potessi aiutarmi a risolvere un mistero."

Il visone, con un sorriso accogliente, rispose: "Certo, sono Vittorio il Visone. Come posso esserti utile?"

Ferdinando spiegò la situazione e Vittorio, con uno sguardo pensieroso, ammise: "Ah, sì, ho visto delle impronte simili a queste vicino alla mia casetta. Pensavo che fosse solo il mio cagnolino che giocava in giro."

"Posso dare un'occhiata dentro?" chiese Ferdinando, e Vittorio acconsentì.

Dentro la casetta, Ferdinando trovò molti libri e appunti sparsi. Vittorio spiegò: "Sono un appassionato di libri e spesso lavoro fino a tardi. Non ho notato niente di strano."

Mentre Ferdinando esaminava gli appunti, trovò un disegno di un grande cespuglio di bacche con la scritta "Giornata delle Bacche" sotto. Era evidente che Vittorio stava preparando qualcosa di speciale.

"Mi sembra che tu stia organizzando un evento speciale," osservò Ferdinando.

"Ah, sì! Ogni anno, organizzo una festa delle bacche per gli amici del bosco," spiegò Vittorio. "Ma non ho ancora avuto tempo di preparare le bacche. Oggi è il giorno della festa!"

Ferdinando pensò un attimo e poi disse: "Credo di avere una pista. Le impronte di zampa che ho seguito potrebbero essere quelle di un animale curioso che si è avventurato nel boschetto per trovare le bacche."

Concludendo la visita a Vittorio, Ferdinando tornò al giardino della Signora Rosina, mentre pensava a chi potesse aver rubato gli ortaggi. Un pensiero lo colpì improvvisamente: il furto di ortaggi potrebbe non essere un semplice furto, ma potrebbe essere stato fatto da qualcuno che stava preparando un grande evento!

Tornato al boschetto, Ferdinando continuò a seguire le impronte fino a trovare un'altra casetta, questa volta decorata con festoni e luci. All'interno, Ferdinando trovò un grande banchetto con tutti gli ortaggi rubati, preparati per la festa delle bacche di Vittorio!

Vittorio stava preparando tutto per una festa a sorpresa, invitando tutti gli amici del bosco, inclusa la Signora Rosina. "Ma non ho potuto dire niente perché volevo che fosse una sorpresa!" spiegò Vittorio con imbarazzo.

Ferdinando scoppiò a ridere. "Non c'era nulla da temere! Tutto è stato organizzato con grande cura e attenzione. Ora possiamo festeggiare insieme!"

Rosina, sollevata e felice, abbracciò Vittorio. "Oh, che sorpresa meravigliosa! Non avevo idea che tutti questi ortaggi sarebbero stati usati per una festa!"

La festa fu un grande successo, con tutti gli abitanti del bosco che si riunirono per celebrare. Ferdinando, come sempre, fu il centro dell'attenzione, ammirato per la sua astuzia e il suo senso dell'umorismo.

E così, Ferdinando il Detective dimostrò ancora una volta che a volte i misteri più grandi si rivelano essere le sorprese più piacevoli. La storia del mistero del boschetto incantato divenne una delle preferite di tutti gli animali del bosco, che si ricordavano sempre di come un po' di detective e un grande cuore possono trasformare qualsiasi problema in un'opportunità di gioia e amicizia.

Detective Fox and the Mystery of the Enchanted Grove

In the heart of a lively forest called Joyful Wood, there lived a fox named Ferdinando. Ferdinando was not an ordinary fox; he was the most famous and clever detective in the entire forest. With his detective hat and magnifying glass, Ferdinando solved the most complicated mysteries and uncovered hidden secrets. The forest animals always turned to him when something went wrong.

One day, while Ferdinando was enjoying a relaxing walk by the river, he received an unexpected visit. It was Mrs. Rosina, a kind rabbit with big green eyes and fur as soft as a cotton ball.

"Detective Ferdinando, I need your help!" exclaimed Rosina, panting. "Someone visited my garden, and now all my delicious vegetables are gone!"

Ferdinando, always ready for a new adventure, adjusted his hat and approached Mrs. Rosina's garden. It was a charming corner, with orange carrots, bright green lettuce, and tomatoes as red as fire. But now, all these vegetables were gone. Only a few fragments of leaves and traces of disturbed soil remained.

"Let's observe carefully," said Ferdinando, examining the ground with his magnifying glass. "We notice that there are small paw prints leading towards the nearby grove."

Rosina looked worriedly towards the grove. "I hope it's not a bad joke," she said.

Ferdinando set off towards the grove, following the paw prints. The grove was a charming but also mysterious place, with intertwining trees and colorful flowers that seemed to glow. The paw prints seemed to lead deeper into the grove.

After a while, Ferdinando found himself in front of a small wooden house, covered in ivy and surrounded by a small fence. The paw prints led right there. Ferdinando knocked on the door, and after a few seconds, a small mink with thick glasses and a striped coat opened the door.

"Good morning! I'm Detective Ferdinando," said Ferdinando. "I was wondering if you could help me solve a mystery."

The mink, with a welcoming smile, replied, "Of course, I'm Vittorio the Mink. How can I help you?"

Ferdinando explained the situation, and Vittorio, with a thoughtful look, admitted, "Ah, yes, I saw similar paw prints near my house. I thought it was just my little dog playing around."

"May I take a look inside?" asked Ferdinando, and Vittorio agreed.

Inside the house, Ferdinando found many books and scattered notes. Vittorio explained, "I'm a book enthusiast and often work late. I haven't noticed anything strange."

While Ferdinando examined the notes, he found a drawing of a large berry bush with the words "Berry Day" underneath. It was evident that Vittorio was preparing something special.

"It seems you are organizing a special event," observed Ferdinando.

"Ah, yes! Every year, I host a berry festival for the forest friends," explained Vittorio. "But I haven't had time to prepare the berries yet. Today is the day of the festival!"

Ferdinando thought for a moment and then said, "I think I have a lead. The paw prints I followed might be from a curious animal that ventured into the grove to find the berries."

Concluding his visit to Vittorio, Ferdinando returned to Mrs. Rosina's garden, thinking about who could have stolen the vegetables. A thought struck him suddenly: the vegetable theft might not be a simple theft but could have been done by someone preparing for a big event!

Back at the grove, Ferdinando continued following the paw prints until he found another house, this time decorated with streamers and lights. Inside, Ferdinando found a large feast with all the stolen vegetables, prepared for Vittorio's berry festival!

Vittorio was preparing everything for a surprise party, inviting all the forest friends, including Mrs. Rosina. "But I couldn't say anything because I wanted it to be a surprise!" explained Vittorio with embarrassment.

Ferdinando burst out laughing. "There was nothing to fear! Everything was organized with great care and attention. Now we can celebrate together!"

Rosina, relieved and happy, hugged Vittorio. "Oh, what a wonderful surprise! I had no idea all these vegetables would be used for a party!"

The party was a great success, with all the forest inhabitants coming together to celebrate. Ferdinando, as always, was the center of attention, admired for his cleverness and sense of humor.

And so, Detective Ferdinando once again showed that sometimes the greatest mysteries turn out to be the most pleasant surprises. The story of the mystery of the enchanted grove became a favorite among all the forest animals, who always remembered how a bit of detective work and a big heart can turn any problem into an opportunity for joy and friendship.

Il Circo dei Sogni

C'era una volta, in una cittadina vivace e colorata chiamata Sogni, un circo straordinario che appariva solo una volta all'anno. Questo non era un circo comune; era il Circo dei Sogni, un luogo dove la magia e l'immaginazione prendevano vita. Ogni anno, quando il circo si installava, l'intera cittadina si riempiva di meraviglia e stupore.

Luna e Leo, due fratellini di dieci e otto anni, erano i più entusiasti di tutti. Non vedevano l'ora che il Circo dei Sogni arrivasse in città. Luna, con i suoi capelli biondi e gli occhi azzurri pieni di curiosità, sognava di diventare una grande artista circense. Leo, con i suoi capelli castani e gli occhi verdi scintillanti, era appassionato di acrobazie e clown.

Quando finalmente il circo arrivò, Luna e Leo furono tra i primi a fare la fila per i biglietti. Il tendone era gigantesco, dipinto con strisce rosse e oro, e brillava come una gemma sotto il sole. La musica allegra e le risate degli artisti si sentivano a distanza, mentre le luci scintillavano in ogni angolo.

"Non vedo l'ora di vedere gli spettacoli!" esclamò Luna, tirando Leo per la mano.

"E io non vedo l'ora di incontrare i clown!" rispose Leo, saltellando di gioia.

Quando finalmente entrarono, furono accolti da una parata colorata di animali addestrati e artisti in costumi scintillanti.

C'erano elefanti che ballavano, cavalli che saltavano attraverso cerchi infuocati e acrobati che volteggiavano nell'aria con grazia.

Luna e Leo trovarono i loro posti e si sedettero eccitati. Lo spettacolo stava per iniziare!

Il primo numero fu quello dei trapezisti, che volavano da un lato all'altro del tendone con una facilità sorprendente. Poi arrivarono i giocolieri, che lanciavano palline e torce in aria con abilità incredibile. E infine, il momento che entrambi stavano aspettando: il clown comico, il cui nome era Buffo, fece il suo ingresso con una scarpa enorme e un naso rosso brillante.

Buffo era un clown particolare. Aveva una personalità allegra e una simpatia contagiosa. Durante il suo numero, Buffo combinava disastri esilaranti con una serie di giochi e scherzi. Luna e Leo ridevano così tanto che le lacrime gli scendevano dagli occhi.

Ma proprio quando lo spettacolo sembrava raggiungere il culmine della gioia, qualcosa di strano accadde. Una delle giostre di luci sopra il palco si spense improvvisamente, lasciando un angolo del tendone in penombra. La musica si fermò, e il pubblico cominciò a mormorare preoccupato.

Luna e Leo, notando che c'era qualcosa che non andava, si scambiarono uno sguardo preoccupato. Decisero di avvicinarsi al backstage per scoprire cosa stesse succedendo. Con passo furtivo, passarono tra le tende e si trovarono in una zona piena di cavi e strumenti. Lì incontrarono un gruppo di artisti e tecnici che sembravano molto preoccupati.

"Cosa sta succedendo?" chiese Luna con voce tremante.

"C'è stato un problema con il sistema delle luci," spiegò uno dei tecnici. "Sembra che una parte dell'impianto si sia guastata, e non sappiamo come ripararla in tempo."

Leo guardò attentamente il sistema di luci e notò che un cavo era staccato. "Posso dare un'occhiata?" chiese.

Il tecnico, sorpreso dalla sua proposta, acconsentì e Leo cominciò a esaminare il problema. Nel frattempo, Luna notò che alcuni degli artisti sembravano particolarmente ansiosi. Si avvicinò a loro e scoprì che il numero principale, il grande spettacolo di fuoco, era in pericolo di saltare a causa del malfunzionamento delle luci.

"Se non possiamo riparare le luci, tutto lo spettacolo sarà rovinato," disse uno degli artisti con espressione triste.

Luna ebbe un'idea. "E se noi, io e Leo, aiutassimo a sistemare le luci? Possiamo fare qualsiasi cosa per aiutare!"

I tecnici e gli artisti, vedendo la determinazione nei loro occhi, accettarono l'offerta con speranza. Con l'aiuto di Leo, che sistemò il cavo staccato, e di Luna, che utilizzò la sua creatività per migliorare l'illuminazione, il sistema delle luci cominciò a funzionare di nuovo.

Nel frattempo, Buffo, il clown, era riuscito a tenere occupato il pubblico con i suoi numeri esilaranti e le sue battute divertenti. Ma quando le luci ripresero a brillare, il pubblico esplose in un applauso entusiasta.

"Ecco che ritorna il Circo dei Sogni!" esclamò Buffo, mentre Luna e Leo tornavano al loro posto.

Lo spettacolo proseguì con il numero principale di fuoco, che fu realizzato magnificamente. Le fiamme danzavano in aria, creando spettacolari figure e colori. Luna e Leo, seduti tra la folla, erano felici di vedere come il circo era tornato alla sua magia e splendore.

Dopo lo spettacolo, Luna e Leo furono invitati sul palco da Buffo e dagli altri artisti. "Siete stati degli eroi!" disse Buffo, stringendo loro la mano. "Grazie per averci aiutato a salvare lo spettacolo!"

Luna e Leo erano al settimo cielo. "È stato un onore aiutare," disse Luna. "Il Circo dei Sogni è così speciale per noi!"

Buffo e gli artisti li ringraziarono e li invitarono a una festa con tutto il personale del circo. Era una celebrazione gioiosa, con musica, balli e deliziosi dolci. Luna e Leo ballarono e si divertirono con gli artisti, felici di aver contribuito al successo dello spettacolo.

Quando il circo finalmente si chiuse, Luna e Leo si sentirono un po' tristi, ma anche orgogliosi di avere avuto un ruolo importante. Il Circo dei Sogni era stato un'avventura magica e indimenticabile, e sapevano che il loro amore per il circo e la magia sarebbe durato per sempre.

Il circo se ne andò, lasciando dietro di sé un alone di magia e ricordi. Luna e Leo tornarono a casa, con i cuori pieni di gioia e una nuova storia da raccontare. Ogni anno, quando il Circo dei Sogni tornava, sapevano che sarebbe stata una nuova e meravigliosa avventura, e non vedevano l'ora di scoprire cosa sarebbe successo la prossima volta.

21

The Circus of Dreams

Once upon a time, in a lively and colorful town called Dreams, there was an extraordinary circus that appeared only once a year. This was no ordinary circus; it was the Circus of Dreams, a place where magic and imagination came to life. Every year, when the circus set up, the entire town was filled with wonder and amazement.

Luna and Leo, two siblings aged ten and eight, were the most excited of all. They couldn't wait for the Circus of Dreams to arrive in town. Luna, with her blonde hair and blue eyes full of curiosity, dreamed of becoming a great circus performer. Leo, with his brown hair and sparkling green eyes, was passionate about acrobatics and clowns.

When the circus finally arrived, Luna and Leo were among the first to line up for tickets. The tent was gigantic, painted with red and gold stripes, and it shone like a gem under the sun. Cheerful music and the laughter of the performers could be heard from a distance, while lights twinkled in every corner.

"I can't wait to see the shows!" exclaimed Luna, pulling Leo by the hand.

"And I can't wait to meet the clowns!" replied Leo, jumping for joy.

When they finally entered, they were greeted by a colorful parade of trained animals and performers in sparkling costumes.

There were dancing elephants, horses jumping through fiery hoops, and acrobats gracefully soaring through the air.

Luna and Leo found their seats and sat down excitedly. The show was about to begin!

The first act was the trapeze artists, who flew from one side of the tent to the other with surprising ease. Then came the jugglers, who tossed balls and torches into the air with incredible skill. And finally, the moment they had both been waiting for: the comic clown, whose name was Buffo, made his entrance with an enormous shoe and a bright red nose.

Buffo was a special clown. He had a cheerful personality and contagious charm. During his act, Buffo created hilarious disasters with a series of tricks and jokes. Luna and Leo laughed so much that tears streamed from their eyes.

But just when the show seemed to reach the peak of joy, something strange happened. One of the light rigs above the stage suddenly went out, leaving a corner of the tent in shadow. The music stopped, and the audience began to murmur worriedly.

Luna and Leo, noticing that something was wrong, exchanged a concerned look. They decided to sneak backstage to find out what was happening. Moving stealthily, they passed through the curtains and found themselves in an area full of cables and equipment. There, they met a group of performers and technicians who looked very worried.

"What's happening?" asked Luna with a trembling voice.

"There's been a problem with the lighting system," explained one of the technicians. "It seems a part of the setup is broken, and we don't know how to fix it in time."

Leo looked closely at the lighting system and noticed that a cable was disconnected. "Can I take a look?" he asked.

The technician, surprised by his offer, agreed, and Leo began to examine the problem. Meanwhile, Luna noticed that some of the performers seemed particularly anxious. She approached them and discovered that the main act, the grand fire show, was in danger of being canceled due to the lighting malfunction.

"If we can't fix the lights, the whole show will be ruined," said one of the performers with a sad expression.

Luna had an idea. "What if Leo and I help fix the lights? We can do anything to help!"

The technicians and performers, seeing the determination in their eyes, accepted the offer with hope. With Leo's help, who reconnected the loose cable, and Luna's creativity to improve the lighting, the system began to work again.

Meanwhile, Buffo the clown managed to keep the audience entertained with his hilarious acts and funny jokes. But when the lights came back on, the audience erupted in enthusiastic applause.

"Here comes the Circus of Dreams again!" exclaimed Buffo, as Luna and Leo returned to their seats.

The show continued with the main fire act, which was performed magnificently. The flames danced in the air, creating spectacular figures and colors. Luna and Leo, sitting among the crowd, were happy to see the circus return to its magic and splendor.

After the show, Luna and Leo were invited on stage by Buffo and the other performers. "You have been heroes!" said Buffo, shaking their hands. "Thank you for helping us save the show!"

Luna and Leo were over the moon. "It was an honor to help," said Luna. "The Circus of Dreams is so special to us!"

Buffo and the performers thanked them and invited them to a party with all the circus staff. It was a joyful celebration, with music, dancing, and delicious sweets. Luna and Leo danced and had fun with the performers, happy to have contributed to the success of the show.

When the circus finally closed, Luna and Leo felt a bit sad but also proud to have played an important role. The Circus of Dreams had been a magical and unforgettable adventure, and they knew their love for the circus and magic would last forever.

The circus left, leaving behind a halo of magic and memories. Luna and Leo returned home with hearts full of joy and a new story to tell. Every year, when the Circus of Dreams returned, they knew it would be a new and wonderful adventure, and they couldn't wait to see what would happen next time.

La Strega e il Segreto della Luce Magica

C'era una volta, in un piccolo villaggio chiamato Borgo Felice, una strega di nome Eulalia. Ma Eulalia non era una strega qualunque; era una strega luminosa. La sua pelle brillava di un delicato color argento e i suoi capelli erano lunghi e dorati come il sole. Indossava un cappello a punta ricoperto di stelle scintillanti e una veste color arcobaleno che ondeggiava come una bandiera magica.

Nonostante il suo aspetto incantevole, Eulalia aveva un segreto speciale. Ogni anno, nella notte di San Lorenzo, organizzava una festa luminosa per tutti gli abitanti del villaggio. Era un evento atteso da tutti: una notte di luci scintillanti, magie e dolci prelibatezze. Ma quest'anno, c'era una novità. Eulalia aveva preparato una sorpresa straordinaria: una vera e propria luce magica che avrebbe reso la festa ancora più splendente.

Il giorno della festa, il villaggio era in fermento. Le case erano decorate con lanterne colorate e festoni di fiori, e l'aria era colma di entusiasmo. I bambini correvano ridendo, mentre gli adulti preparavano dolci e bevande. Tutti erano impazienti di vedere la nuova magia di Eulalia.

Quando il sole cominciò a tramontare, Eulalia apparve in cima alla collina, con la sua bacchetta scintillante e un grande sacco pieno di lanterne magiche. Le persone si radunarono in piazza e, con un gesto elegante della mano, Eulalia iniziò il suo incantesimo.

Ma proprio quando tutto sembrava perfetto, un imprevisto rovinò la magia. Una nuvola nera e minacciosa coprì la luna e, di colpo, tutte le lanterne si spensero. Il villaggio fu avvolto dall'oscurità. Eulalia, sconvolta, guardò il cielo e si rese conto che la nuvola non era una semplice nuvola. Era un incantesimo malvagio lanciato da una strega invidiosa, Malvina, che viveva nella foresta vicina.

Malvina era gelosa della luce e della felicità di Eulalia. Da anni tentava di oscurare la sua magia per rubare la sua fama e il suo potere. Vedere la festa del villaggio oscurata dalla sua magia malvagia era per lei una vittoria.

Con il cuore pesante, Eulalia decise che non avrebbe lasciato che Malvina rovinasse la festa. "Non possiamo lasciare che Malvina vinca!" esclamò a gran voce, cercando di infondere coraggio nei cuori degli abitanti del villaggio. "Dobbiamo trovare un modo per riportare la luce!"

Luna, una ragazzina coraggiosa del villaggio, si fece avanti. "Io e i miei amici vogliamo aiutarti, Eulalia! Cosa possiamo fare?"

Eulalia sorrise, grata per il sostegno. "Avete un cuore puro e un grande coraggio. Per riportare la luce, dobbiamo trovare la Luce Magica nascosta nel Bosco delle Ombre e spezzare l'incantesimo di Malvina."

Il Bosco delle Ombre era un luogo misterioso e incantato, conosciuto per le sue ombre danzanti e i suoi sentieri segreti.

Luna, accompagnata dai suoi amici Marco e Sofia, e guidata da Eulalia, si avventurò nel bosco. Eulalia li guidava con la sua bacchetta luminosa, che illuminava i sentieri oscuri.

Nel bosco, le ombre sembravano muoversi e cambiare forma. I suoni erano amplificati, e ogni passo sembrava accompagnato da un sussurro misterioso. I bambini erano un po' spaventati, ma la presenza di Eulalia dava loro coraggio.

"Dobbiamo trovare il grande albero di quercia," disse Eulalia. "La Luce Magica è nascosta lì. Malvina l'ha nascosta per impedire che qualcuno la trovi."

Dopo aver camminato per un po', il gruppo arrivò finalmente al grande albero di quercia. Era maestoso, con rami che si intrecciavano e foglie che brillavano di un verde luminoso. Alla base dell'albero, c'era una piccola porta incastonata nel tronco.

"Ecco la porta della Luce Magica," spiegò Eulalia. "Ma per aprirla, dobbiamo risolvere un enigma."

Eulalia prese un antico libro di enigmi e lo aprì. "Questo enigma è molto importante," disse. "Chi riesce a risolverlo, avrà accesso alla Luce Magica."

Il libro recitava:

"Per accedere al potere che brilla e danza, Rispondi a questo indovinello con speranza e costanza: Sono invisibile, ma ti seguo ovunque vai, Mi trovo nei giorni e nelle notti, ma non mai nei guai. Cosa sono?"

Luna e i suoi amici pensarono intensamente. "È l'ombra!" esclamò Marco, con gli occhi che brillavano di comprensione.

"Corretto!" disse Eulalia, mentre la porta si apriva lentamente. All'interno, c'era una luce dorata e scintillante, che emanava calore e magia. Eulalia prese la Luce Magica e la portò fuori.

"Dobbiamo correre!" disse Eulalia. "La festa non può aspettare!"

Tornati al villaggio, Eulalia, Luna e i suoi amici posero la Luce Magica in cima al grande albero della piazza. La luce si diffuse in tutte le direzioni, illuminando il villaggio con un bagliore dorato e incantevole. Le lanterne riacquistarono vita e il cielo si schiarì.

Gli abitanti del villaggio applaudirono entusiasti, e la festa continuò con ancora più gioia di prima. Buffi animali di luce danzavano nel cielo, e le melodie della musica magica riempivano l'aria.

Malvina, osservando da lontano, era furiosa. "Non può essere!" urlò, mentre la sua magia malvagia svaniva. "Non posso credere che Eulalia abbia riportato la luce!"

La strega invidiosa tornò nella foresta, sconvolta dalla sconfitta. Eulalia, Luna, Marco e Sofia furono celebrati come eroi. La festa continuò fino a tarda notte, con risate, balli e dolci prelibatezze. La Luce Magica brillava più forte che mai, e il villaggio era pieno di felicità.

Alla fine della serata, Eulalia si avvicinò a Luna e ai suoi amici. "Grazie a voi, il nostro villaggio ha ritrovato la sua luce. Non solo avete salvato la festa, ma avete anche dimostrato che il coraggio e l'amicizia possono superare qualsiasi oscurità."

Luna e i suoi amici sorriderono, felici di aver aiutato e di aver vissuto un'avventura così magica. "Siamo felici di aver potuto aiutare," disse Luna. "Questo sarà un ricordo che porteremo nel cuore per sempre."

Eulalia abbracciò Luna, Marco e Sofia, e promise che ogni anno, quando la festa della Luce Magica tornava, avrebbero sempre avuto un posto speciale nel suo cuore.

Il Circo dei Sogni se ne andò, lasciando dietro di sé un alone di magia e ricordi. Luna e i suoi amici tornarono a casa, con i cuori pieni di gioia e una nuova storia da raccontare. Ogni anno, quando il Circo dei Sogni tornava, sapevano che sarebbe stata una nuova e meravigliosa avventura, e non vedevano l'ora di scoprire cosa sarebbe successo la prossima volta.

The Witch and the Secret of the Magic Light

Once upon a time, in a small village called Happy Town, there was a witch named Eulalia. But Eulalia was not just any witch; she was a luminous witch. Her skin glowed with a delicate silver color, and her hair was long and golden like the sun. She wore a pointed hat covered with sparkling stars and a rainbow-colored robe that fluttered like a magical flag.

Despite her enchanting appearance, Eulalia had a special secret. Every year, on the night of St. Lawrence, she organized a luminous party for all the villagers. It was an event eagerly awaited by everyone: a night of twinkling lights, magic, and sweet treats. But this year, there was something new. Eulalia had prepared an extraordinary surprise: a real magical light that would make the party even more brilliant.

On the day of the party, the village was bustling. The houses were decorated with colorful lanterns and flower garlands, and the air was filled with excitement. Children ran around laughing, while adults prepared sweets and drinks. Everyone was eager to see Eulalia's new magic.

When the sun began to set, Eulalia appeared at the top of the hill with her sparkling wand and a large bag full of magical lanterns. People gathered in the square, and with an elegant wave of her hand, Eulalia began her spell.

But just when everything seemed perfect, an unforeseen event ruined the magic. A black and menacing cloud covered the moon, and suddenly all the lanterns went out. The village was enveloped in darkness. Eulalia, shocked, looked at the sky and realized that the cloud was not an ordinary cloud. It was an evil spell cast by an envious witch, Malvina, who lived in the nearby forest.

Malvina was jealous of Eulalia's light and happiness. For years, she had tried to darken Eulalia's magic to steal her fame and power. Seeing the village party darkened by her evil magic was a victory for her.

With a heavy heart, Eulalia decided she wouldn't let Malvina ruin the party. "We can't let Malvina win!" she exclaimed loudly, trying to instill courage in the villagers' hearts. "We must find a way to bring back the light!"

Luna, a brave girl from the village, stepped forward. "My friends and I want to help you, Eulalia! What can we do?"

Eulalia smiled, grateful for the support. "You have pure hearts and great courage. To bring back the light, we must find the Magic Light hidden in the Shadow Forest and break Malvina's spell."

The Shadow Forest was a mysterious and enchanted place, known for its dancing shadows and secret paths. Luna, accompanied by her friends Marco and Sofia and guided by Eulalia, ventured into the forest. Eulalia led them with her luminous wand, which lit up the dark paths.

In the forest, the shadows seemed to move and change shape. Sounds were amplified, and each step seemed accompanied by a mysterious whisper. The children were a bit scared, but Eulalia's presence gave them courage.

"We must find the great oak tree," said Eulalia. "The Magic Light is hidden there. Malvina hid it to prevent anyone from finding it."

After walking for a while, the group finally arrived at the great oak tree. It was majestic, with intertwined branches and leaves that shone with a bright green. At the base of the tree, there was a small door set into the trunk.

"Here's the door to the Magic Light," Eulalia explained. "But to open it, we must solve a riddle."

Eulalia took out an ancient book of riddles and opened it. "This riddle is very important," she said. "Whoever solves it will have access to the Magic Light."

The book read:

"To access the power that shines and dances,

Answer this riddle with hope and perseverance:

I am invisible, but I follow you wherever you go,

I am in days and nights, but never in trouble.

What am I?"

Luna and her friends thought hard. "It's a shadow!" exclaimed Marco, his eyes shining with understanding.

"Correct!" said Eulalia, as the door slowly opened. Inside, there was a golden, sparkling light that emanated warmth and magic. Eulalia took the Magic Light and brought it out.

"We must hurry!" said Eulalia. "The party can't wait!"

Back at the village, Eulalia, Luna, and her friends placed the Magic Light on top of the great tree in the square. The light spread in all directions, illuminating the village with a golden, enchanting glow. The lanterns came back to life, and the sky cleared up.

The villagers cheered enthusiastically, and the party continued with even more joy than before. Funny light animals danced in the sky, and the melodies of magical music filled the air.

Malvina, watching from afar, was furious. "It can't be!" she shouted, as her evil magic vanished. "I can't believe Eulalia brought back the light!"

The envious witch returned to the forest, defeated. Eulalia, Luna, Marco, and Sofia were celebrated as heroes. The party went on until late at night, with laughter, dancing, and sweet treats. The Magic Light shone brighter than ever, and the village was full of happiness.

At the end of the evening, Eulalia approached Luna and her friends. "Thanks to you, our village has regained its light. Not only did you save the party, but you also showed that courage and friendship can overcome any darkness."

Luna and her friends smiled, happy to have helped and to have had such a magical adventure. "We are happy we could help," said Luna. "This will be a memory we will carry in our hearts forever."

Eulalia hugged Luna, Marco, and Sofia, and promised that every year, when the Magic Light festival returned, they would always have a special place in her heart.

Il Piccolo Orso e la Magica Avventura nella Foresta delle Meraviglie

C'era una volta, in una grande e verde foresta chiamata la Foresta delle Meraviglie, un piccolo orso di nome Bruno. Bruno non era un orso qualunque; era un orso con un grande sogno. Voleva diventare un famoso avventuriero e scoprire tutti i segreti nascosti nella sua foresta incantata. Ma Bruno era anche un po' timido e insicuro. Sebbene fosse coraggioso nei suoi sogni, nella realtà si preoccupava facilmente e si chiedeva se mai sarebbe riuscito a realizzare le sue avventure.

Un giorno, mentre Bruno stava passeggiando vicino al fiume, trovò una mappa misteriosa sepolta sotto una pietra. La mappa era ingiallita e macchiata, ma i contorni di una serie di segreti luoghi erano chiaramente visibili. Bruno, con gli occhi brillanti di eccitazione, decise che questa era l'occasione perfetta per iniziare la sua avventura.

La mappa mostrava il cammino verso tre luoghi misteriosi: il Lago delle Lucciole, la Montagna delle Nuvole e la Radura dei Sogni. Ogni luogo era segnato con una stella dorata, e si diceva che chi riusciva a visitare tutti e tre i posti avrebbe trovato un tesoro magico e sorprendente.

Bruno preparò uno zaino con tutto ciò di cui avrebbe potuto avere bisogno: una bottiglia d'acqua, un panino di miele, una torcia e, naturalmente, il suo inseparabile compagno di avventure, il piccolo coniglio Bianco. Con il cuore colmo di speranza e un pizzico di paura, Bruno iniziò il suo viaggio.

Il primo luogo sulla mappa era il Lago delle Lucciole. Era un lago tranquillo e sereno, circondato da alberi alti e fiori luminosi. Quando Bruno e Bianco arrivarono, il lago era illuminato da migliaia di lucciole che danzavano nell'aria, creando un'atmosfera incantata. Ma proprio quando Bruno stava per avvicinarsi al lago, una grossa rana verde apparve davanti a lui.

"Benvenuti al Lago delle Lucciole!" gracidò la rana. "Per ottenere il primo indizio per il tuo prossimo viaggio, devi risolvere il mio enigma!"

Bruno e Bianco si scambiarono uno sguardo preoccupato. L'enigma della rana era il seguente:

"Ho una corona, ma non sono un re, Mi trovi in cielo ma non posso volare. Sono fatto di luce e ti faccio brillare. Cosa sono?"

Bruno pensò intensamente. "È una stella!" esclamò, con un sorriso di trionfo.

La rana, felice della risposta corretta, gli consegnò un piccolo amuleto a forma di stella. "Questo amuleto ti guiderà verso il prossimo luogo sulla mappa. Buona fortuna!"

Con l'amuleto stretto nella zampa, Bruno e Bianco proseguirono verso la Montagna delle Nuvole. Era una montagna alta e maestosa, avvolta da nuvole morbide e bianche come zucchero filato. Quando raggiunsero la vetta, trovarono una nuvola gigante che sembrava una gigantesca culla.

Dall'interno della nuvola uscì una voce gentile e sussurrante. "Benvenuti alla Montagna delle Nuvole! Per proseguire nella tua avventura, devi affrontare una sfida speciale. Solo chi dimostra il suo coraggio e la sua gentilezza potrà trovare il secondo indizio."

Bruno guardò attorno e vide un gruppo di piccole nuvolette intrappolate in una rete di fili dorati. Le nuvolette sembravano tristi e impaurite. Bruno, sentendo una stretta al cuore, si avvicinò e cominciò a sciogliere i fili con attenzione.

Le nuvolette, grate, cominciarono a brillare intensamente e formarono una figura luminosa che indicava un angolo della montagna. Una delle nuvolette si avvicinò e disse: "Hai dimostrato un grande coraggio e gentilezza. Il secondo indizio è nascosto dietro quella roccia."

Bruno, seguendo le indicazioni, trovò un'altra chiave dorata. Con la chiave in mano, si preparò per l'ultima tappa del suo viaggio: la Radura dei Sogni.

La Radura dei Sogni era un posto magico, dove gli alberi sembravano danzare e i fiori cantare melodie dolci. Quando Bruno e Bianco arrivarono, furono accolti da una fata gentile che volava leggera come una piuma.

"Benvenuti alla Radura dei Sogni," disse la fata con un sorriso. "Qui si trova l'ultimo segreto. Ma per trovarlo, devi superare un ultimo test. Devi dimostrare la tua saggezza e il tuo cuore puro."

La fata presentò a Bruno un grande libro di favole. "In questo libro ci sono tre storie. Solo la storia giusta ti porterà al tesoro magico. Ascolta attentamente e scegli quella che senti più giusta."

Bruno, con Bianco al suo fianco, ascoltò le tre storie. Ogni storia parlava di coraggio, amore e amicizia. Dopo aver ascoltato tutte e tre, Bruno scelse la storia che parlava del potere dell'amicizia e del valore di aiutare gli altri.

La fata, sorridendo, lo accolse con calore. "Hai scelto la storia giusta. Il tesoro magico si trova proprio qui, nella Radura dei Sogni."

La fata guidò Bruno e Bianco verso un grande albero al centro della radura. Sotto l'albero, c'era una cassa scintillante. Bruno aprì la cassa e trovò un meraviglioso cristallo luminoso che emanava una luce calda e accogliente.

"Questo è il Tesoro della Luce," spiegò la fata. "È un simbolo di tutto il bene che hai fatto nel tuo viaggio. Può donare felicità e luce a chiunque lo possieda."

Bruno e Bianco tornarono al villaggio con il Tesoro della Luce. Quando arrivarono, furono accolti con entusiasmo e festa. Bruno raccontò a tutti le sue avventure e mostrò il cristallo magico. Gli abitanti del villaggio furono felici di vedere che il piccolo orso aveva realizzato il suo sogno e aveva portato un po' di magia e felicità nella loro vita.

Da quel giorno, Bruno divenne un eroe nel suo villaggio. Non solo aveva trovato il Tesoro della Luce, ma aveva anche dimostrato che con coraggio, gentilezza e amicizia, i sogni più grandi possono diventare realtà. Ogni anno, Bruno e Bianco tornavano nella Foresta delle Meraviglie per nuove avventure e per ricordare a tutti che, anche i sogni più audaci possono diventare realtà se affrontati con cuore e determinazione.

The Little Bear and the Magical Adventure in the Forest of Wonders

Once upon a time, in a large and green forest called the Forest of Wonders, there was a little bear named Bruno. Bruno was not just any bear; he had a big dream. He wanted to become a famous adventurer and discover all the hidden secrets in his enchanted forest. But Bruno was also a bit shy and insecure. Although he was brave in his dreams, in reality, he worried easily and wondered if he would ever be able to achieve his adventures.

One day, while Bruno was walking near the river, he found a mysterious map buried under a stone. The map was yellowed and stained, but the outlines of several secret places were clearly visible. With eyes shining with excitement, Bruno decided this was the perfect opportunity to start his adventure.

The map showed the way to three mysterious places: the Firefly Lake, the Mountain of Clouds, and the Meadow of Dreams. Each place was marked with a golden star, and it was said that whoever managed to visit all three spots would find a magical and surprising treasure.

Bruno packed a backpack with everything he might need: a water bottle, a honey sandwich, a flashlight, and, of course, his inseparable adventure companion, the little rabbit White. With a heart full of hope and a touch of fear, Bruno began his journey.

The first place on the map was the Firefly Lake. It was a calm and serene lake, surrounded by tall trees and bright flowers. When Bruno and White arrived, the lake was illuminated by thousands of fireflies dancing in the air, creating an enchanted atmosphere. But just as Bruno was about to approach the lake, a large green frog appeared before him.

"Welcome to Firefly Lake!" croaked the frog. "To get the first clue for your next journey, you must solve my riddle!"

Bruno and White exchanged worried looks. The frog's riddle was as follows:

"I have a crown, but I am not a king,

You find me in the sky but I cannot fly.

I am made of light and make you shine.

What am I?"

Bruno thought intensely. "It's a star!" he exclaimed, with a triumphant smile.

The frog, pleased with the correct answer, handed him a small star-shaped amulet. "This amulet will guide you to the next place on the map. Good luck!"

With the amulet clutched in his paw, Bruno and White continued towards the Mountain of Clouds. It was a tall and majestic mountain, wrapped in soft, white clouds like cotton candy. When they reached the top, they found a giant cloud that looked like a huge cradle.

From inside the cloud came a gentle and whispering voice. "Welcome to the Mountain of Clouds! To proceed with your adventure, you must face a special challenge. Only those who show courage and kindness can find the second clue."

Bruno looked around and saw a group of small clouds trapped in a network of golden threads. The clouds looked sad and scared. Bruno, feeling a pang in his heart, approached and began to untangle the threads carefully.

The grateful clouds started to shine brightly and formed a luminous figure pointing to a corner of the mountain. One of the clouds approached and said, "You have shown great courage and kindness. The second clue is hidden behind that rock."

Following the directions, Bruno found another golden key. With the key in hand, he prepared for the final leg of his journey: the Meadow of Dreams.

The Meadow of Dreams was a magical place, where the trees seemed to dance and the flowers sang sweet melodies. When Bruno and White arrived, they were greeted by a gentle fairy who flew lightly like a feather.

"Welcome to the Meadow of Dreams," said the fairy with a smile. "Here lies the last secret. But to find it, you must pass one final test. You must show your wisdom and pure heart."

The fairy presented Bruno with a large book of fairy tales. "In this book, there are three stories. Only the right story will lead you to the magical treasure. Listen carefully and choose the one you feel is right."

Bruno, with White by his side, listened to the three stories. Each story spoke of courage, love, and friendship. After hearing all three, Bruno chose the story that spoke about the power of friendship and the value of helping others.

The fairy, smiling, welcomed him warmly. "You have chosen the right story. The magical treasure is right here, in the Meadow of Dreams."

The fairy guided Bruno and White to a large tree in the center of the meadow. Under the tree, there was a sparkling chest. Bruno opened the chest and found a wonderful luminous crystal that emanated a warm and welcoming light.

"This is the Treasure of Light," explained the fairy. "It is a symbol of all the good you have done on your journey. It can bring happiness and light to anyone who possesses it."

Bruno and White returned to the village with the Treasure of Light. When they arrived, they were greeted with enthusiasm and celebration. Bruno told everyone about his adventures and showed the magical crystal. The villagers were happy to see that the little bear had fulfilled his dream and brought a bit of magic and happiness into their lives.

From that day on, Bruno became a hero in his village. Not only had he found the Treasure of Light, but he also demonstrated that with courage, kindness, and friendship, the greatest dreams can come true. Every year, Bruno and White returned to the Forest of Wonders for new adventures and to remind everyone that even the boldest dreams can become reality when faced with heart and determination.

Daniele e la Magica Avventura nel Regno dei Colori

―――

C'era una volta, in un angolo nascosto e incantato del mondo, un giovane drago di nome Daniele. Daniele non era un drago qualsiasi: aveva le squame colorate di tutte le sfumature dell'arcobaleno e una coda che scintillava come i fuochi d'artificio. Ma nonostante il suo aspetto straordinario, Daniele aveva un piccolo problema. Aveva paura di volare. Ogni volta che provava a sollevarsi in cielo, il suo cuore batteva così forte che sembrava voler esplodere!

Il Regno dei Colori, dove Daniele viveva, era un luogo di meraviglie. Le montagne erano fatte di dolci di zucchero filato, i fiumi scorrevano con cioccolato caldo e gli alberi erano carichi di frutti arcobaleno. Gli abitanti del regno, come farfalle luminose e piccoli elfi, erano tutti allegri e pieni di energia. Ma Daniele, nonostante il paesaggio festoso, si sentiva triste e bloccato.

Un giorno, mentre Daniele era seduto sul bordo del suo nido di nuvole, un messaggero elfo arrivò in volo. "Daniele! Daniele!" esclamò l'elfo con voce vivace. "Il Regno dei Colori ha bisogno del tuo aiuto! La Regina dei Colori è stata rapita da un perfido stregone di nome Malvolio e ora il regno sta perdendo la sua magia! Solo tu puoi riportare i colori e la felicità nel nostro regno."

Daniele sentì un brivido di preoccupazione. "Ma io... io non so volare molto bene," disse, abbassando lo sguardo. "Come posso affrontare un'avventura così grande?"

L'elfo sorrise con comprensione. "La Regina dei Colori è stata rapita perché Malvolio sa che il tuo cuore puro e la tua magia sono la chiave per riportare la gioia. Devi solo credere in te stesso e superare le tue paure."

Daniele sospirò profondamente e, con un ultimo sguardo al suo nido di nuvole, decise di accettare la sfida. Con un po' di timore e una dose di coraggio, si preparò per il viaggio. L'elfo lo guidò verso la Foresta degli Arcobaleni, da dove avrebbero dovuto partire per affrontare l'avventura.

La Foresta degli Arcobaleni era un luogo magico, dove gli alberi erano carichi di frutti luccicanti e i fiori cambiavano colore a ogni passo. Quando Daniele e l'elfo entrarono nella foresta, tutto brillava come un quadro vivente. Ma mentre si avventuravano più a fondo, incontrarono il primo ostacolo: una gigantesca palude di melassa.

"Questa palude è impenetrabile," disse l'elfo. "Ma la magia della tua coda può aiutarci a trovare un passaggio!"

Daniele, con un po' di esitazione, scosse la sua coda arcobaleno e un sentiero dorato cominciò a formarsi sopra la melassa. L'elfo e Daniele seguirono il sentiero e si trovarono dall'altra parte della palude, avvicinandosi al castello di Malvolio.

Il castello era oscuro e minaccioso, avvolto da una nebbia nera e spettrale. Daniele sentì il suo cuore battere più forte, ma si ricordò delle parole dell'elfo e decise di proseguire. Entrarono nel castello e trovarono una grande sala, al centro della quale c'era una prigione dorata dove era imprigionata la Regina dei Colori.

Malvolio, un uomo alto e magro con un lungo mantello nero, stava ridendo malignamente. "Ah, finalmente siete arrivati," disse con un sorriso beffardo. "Pensavate di poter fermarmi con un drago così spaventato? Ridicolo!"

Daniele si fece avanti, il cuore che batteva come un tamburo. "Non sono qui per me stesso, ma per la Regina e il Regno dei Colori. Ti prego, libera la Regina e restituisci la magia al nostro regno!"

Malvolio scoppiò in una risata sinistra. "Non ti crederai abbastanza coraggioso per affrontare il mio incantesimo finale, vero? Solo un drago che può volare potrà superare il mio incantesimo di oscurità!"

Con un gesto teatrale, Malvolio lanciò un incantesimo oscuro che avvolse la sala in una luce nera. Daniele, tremante, si accorse che l'incantesimo minacciava di oscurare tutto. La paura lo paralizzava, ma ricordò le parole dell'elfo e il suo desiderio di aiutare il regno.

"Devo farcela!" pensò Daniele. Con uno sforzo immenso, chiuse gli occhi e si concentrò. Immaginò di sollevarsi nel cielo, sentendo l'aria fresca sotto le sue ali e il vento che accarezzava le sue scaglie arcobaleno. Con un grande battito di ali, Daniele si alzò da terra e volò verso la luce oscura.

Il volo di Daniele era inizialmente goffo, ma presto cominciò a prendere sicurezza. La luce della sua coda e delle sue scaglie cominciò a brillare, dissipando l'oscurità. Malvolio, sorpreso dalla forza e dal coraggio di Daniele, non riuscì a mantenere l'incantesimo. Con un ultimo sforzo, Daniele usò la magia della sua coda per spezzare l'incantesimo di oscurità.

La luce tornò a brillare nella sala e la prigione dorata si aprì. La Regina dei Colori, con un sorriso radioso, si avvicinò a Daniele. "Hai dimostrato un coraggio e una forza straordinari. Grazie per aver salvato il nostro regno!"

Con la Regina dei Colori finalmente libera, Daniele si sentì sollevato e felice. "Non l'avrei fatto senza l'aiuto del mio amico elfo e senza credere in me stesso," disse, guardando l'elfo con gratitudine.

Daniele e la Regina dei Colori tornarono al Regno dei Colori, accolti con festeggiamenti e gioia. I colori tornarono a brillare in tutto il regno, e Daniele fu celebrato come un eroe. Da quel giorno, Daniele non solo divenne un grande avventuriero, ma anche un simbolo di coraggio e speranza per tutti gli abitanti del Regno dei Colori.

Ogni anno, Daniele tornava alla Foresta degli Arcobaleni per nuove avventure e per ricordare che, anche se si può avere paura, con determinazione e amici veri, ogni sogno può diventare realtà. E così, il piccolo drago colorato continuò a volare alto nei cieli del Regno dei Colori, portando luce e gioia a tutti coloro che incontrava.

Daniele and the Magical Adventure in the Kingdom of Colors

Once upon a time, in a hidden and enchanted corner of the world, there was a young dragon named Daniele. Daniele was not just any dragon: he had scales in every shade of the rainbow and a tail that sparkled like fireworks. But despite his extraordinary appearance, Daniele had a small problem. He was afraid to fly. Every time he tried to lift himself into the sky, his heart beat so hard it felt like it would explode!

The Kingdom of Colors, where Daniele lived, was a place of wonders. The mountains were made of cotton candy, the rivers flowed with hot chocolate, and the trees were laden with rainbow fruits. The inhabitants of the kingdom, like luminous butterflies and little elves, were all cheerful and full of energy. But Daniele, despite the festive landscape, felt sad and stuck.

One day, while Daniele was sitting on the edge of his cloud nest, a messenger elf arrived in flight. "Daniele! Daniele!" exclaimed the elf with a lively voice. "The Kingdom of Colors needs your help! The Queen of Colors has been kidnapped by an evil sorcerer named Malvolio, and now the kingdom is losing its magic! Only you can bring back the colors and happiness to our kingdom."

Daniele felt a shiver of worry. "But I... I don't know how to fly very well," he said, lowering his gaze. "How can I face such a great adventure?"

The elf smiled with understanding. "The Queen of Colors was kidnapped because Malvolio knows that your pure heart and your magic are the keys to bringing back joy. You just have to believe in yourself and overcome your fears."

Daniele sighed deeply and, with one last look at his cloud nest, decided to accept the challenge. With a bit of fear and a dose of courage, he prepared for the journey. The elf guided him to the Rainbow Forest, where they would start their adventure.

The Rainbow Forest was a magical place, where the trees were laden with glittering fruits and the flowers changed color with every step. When Daniele and the elf entered the forest, everything shone like a living painting. But as they ventured deeper, they encountered their first obstacle: a gigantic swamp of molasses.

"This swamp is impenetrable," said the elf. "But the magic of your tail can help us find a passage!"

Daniele, with a bit of hesitation, shook his rainbow tail, and a golden path began to form over the molasses. The elf and Daniele followed the path and found themselves on the other side of the swamp, approaching Malvolio's castle.

The castle was dark and menacing, shrouded in a black and spectral mist. Daniele felt his heart beat faster, but he remembered the elf's words and decided to move forward. They entered the castle and found a great hall, at the center of which was a golden prison where the Queen of Colors was imprisoned.

Malvolio, a tall and thin man with a long black cloak, was laughing maliciously. "Ah, finally you have arrived," he said with a mocking smile. "Did you think you could stop me with such a frightened dragon? Ridiculous!"

Daniele stepped forward, his heart beating like a drum. "I am not here for myself, but for the Queen and the Kingdom of Colors. Please, release the Queen and return the magic to our kingdom!"

Malvolio burst into a sinister laugh. "You don't really believe you are brave enough to face my final spell, do you? Only a dragon that can fly can overcome my spell of darkness!"

With a theatrical gesture, Malvolio cast a dark spell that enveloped the hall in a black light. Daniele, trembling, realized the spell threatened to darken everything. Fear paralyzed him, but he remembered the elf's words and his desire to help the kingdom.

"I have to do this!" thought Daniele. With immense effort, he closed his eyes and concentrated. He imagined lifting himself into the sky, feeling the fresh air under his wings and the wind caressing his rainbow scales. With a great flap of his wings, Daniele rose from the ground and flew toward the dark light.

Daniele's flight was initially clumsy, but soon he began to gain confidence. The light from his tail and scales began to shine, dissipating the darkness. Malvolio, surprised by Daniele's strength and courage, could not maintain the spell. With one final effort, Daniele used the magic of his tail to break the spell of darkness.

Light returned to the hall, and the golden prison opened. The Queen of Colors, with a radiant smile, approached Daniele. "You have shown extraordinary courage and strength. Thank you for saving our kingdom!"

With the Queen of Colors finally free, Daniele felt relieved and happy. "I couldn't have done it without my elf friend's help and without believing in myself," he said, looking at the elf with gratitude.

Daniele and the Queen of Colors returned to the Kingdom of Colors, welcomed with celebrations and joy. The colors shone again throughout the kingdom, and Daniele was celebrated as a hero. From that day on, Daniele not only became a great adventurer but also a symbol of courage and hope for all the inhabitants of the Kingdom of Colors.

Every year, Daniele returned to the Rainbow Forest for new adventures and to remind everyone that, even if you might be afraid, with determination and true friends, every dream can become a reality. And so, the little colorful dragon continued to fly high in the skies of the Kingdom of Colors, bringing light and joy to everyone he met.

Il Temporale Tremendo e le Avventure di Timoteo e le Sue Amiche Volanti

C'era una volta in un piccolo villaggio ai piedi delle colline verdi e delle foreste lussureggianti, un ragazzino di nome Timoteo. Timoteo non era un bambino qualsiasi: era un avventuriero nato, con una fantasia che sembrava non avere limiti. Ma c'era una cosa di cui aveva sempre avuto paura: i temporali. Ogni volta che il cielo si oscurava e il rumore dei tuoni riempiva l'aria, Timoteo si rifugiava sotto il suo letto, tremando come una foglia.

Un giorno, mentre il cielo cominciava a riempirsi di nuvole nere e minacciose, Timoteo sentì il tipico fragore dei tuoni e vide i lampi illuminare la stanza. Ma quella volta, invece di nascondersi, decise che doveva affrontare la sua paura. Era determinato a scoprire cosa c'era dietro al terribile temporale.

La sua curiosità lo portò verso il cortile, dove trovò un gruppo di sue amiche volanti: la farfalla Bianca, la libellula Luna e l'ape Rosa. Erano tutte preoccupate per il temporale in arrivo e si stavano preparando per cercare riparo. Timoteo, con una determinazione nuova, decise di chiedere loro aiuto.

"Ciao, amiche!" esclamò Timoteo con entusiasmo. "Ho deciso di affrontare la mia paura del temporale. Voglio scoprire cosa succede veramente quando scoppia una tempesta. Potete aiutarmi a capire?"

Bianca, la farfalla, aprì le sue ali colorate e rispose: "Non è sicuro uscire durante un temporale. Ma se davvero vuoi scoprire cosa c'è dietro a tutto questo, possiamo cercare un posto sicuro da cui osservare."

Luna, la libellula, annuì con le sue ali scintillanti. "Ho sentito parlare di un'antica torre sull'altra collina. Dicono che sia un luogo speciale da cui si può osservare ogni tempesta senza essere colpiti."

Rosa, l'ape, aggiunse: "La torre è protetta da una magia che respinge il maltempo. Se riusciremo ad arrivarci, potremo scoprire cosa succede davvero durante un temporale!"

Con un obiettivo chiaro e il supporto delle sue amiche volanti, Timoteo si mise in cammino verso la collina. Il vento soffiava forte e la pioggia cominciava a cadere a dirotto, ma Timoteo non si lasciò scoraggiare. Le sue amiche lo guidarono attraverso il bosco e le colline, superando ruscelli impetuosi e terreni scivolosi.

Mentre camminavano, Timoteo cominciò a notare cose che non aveva mai visto prima. La pioggia che cadeva aveva un suono melodioso e le gocce di pioggia scintillavano come piccole gemme. I lampi illuminavano il cielo, creando disegni meravigliosi di luci e ombre.

Finalmente, dopo una lunga e faticosa camminata, arrivarono alla base dell'antica torre. Era una struttura imponente, fatta di pietre antiche e ricoperte di muschio. Sembra che la torre si stagliasse verso il cielo, come un guardiano delle tempeste.

Timoteo e le sue amiche entrarono nella torre e trovarono una stanza alta e spaziosa. Le pareti erano decorate con antichi affreschi che raccontavano storie di eroi e leggende. Al centro della stanza c'era una grande finestra che si affacciava sul panorama tempestoso.

Con il cuore in gola, Timoteo guardò fuori dalla finestra. Il temporale era maestoso e potente, con lampi che squarciavano il cielo e tuoni che ruggivano come leoni. Ma, mentre osservava, si accorse che il temporale non era solo rumore e caos. C'era una sorta di bellezza nel modo in cui la natura si scatenava.

Le sue amiche, vedendo il cambiamento nel volto di Timoteo, lo incoraggiarono a concentrarsi sulla magia della tempesta. Bianca volò vicino alla finestra e disse: "Guarda come i lampi creano arcobaleni nel cielo! E senti come la pioggia canta una canzone speciale!"

Luna, con le sue ali scintillanti, aggiunse: "Ogni temporale porta con sé una nuova energia e una nuova vita. È come una grande pulizia per la natura."

Rosa, l'ape, aggiunse con entusiasmo: "E pensa ai fiori e agli alberi che ricevono l'acqua di cui hanno bisogno! I temporali sono una parte importante della vita."

Timoteo, guardando attraverso la finestra, cominciò a vedere la tempesta in una luce diversa. Non era più solo un fenomeno spaventoso, ma un evento naturale ricco di meraviglia e significato. La paura che aveva sentito prima cominciò a svanire, sostituita da un senso di stupore e ammirazione.

Con il passare del tempo, il temporale iniziò a placarsi e il cielo cominciò a schiarirsi. Il sole iniziò a fare capolino tra le nuvole e un arcobaleno colorato si formò nel cielo, creando uno spettacolo mozzafiato. Timoteo e le sue amiche uscirono dalla torre e videro il paesaggio trasformato dalla tempesta: i fiori erano più vivaci, gli alberi erano freschi e il mondo sembrava rinato.

"Grazie per avermi aiutato a scoprire la bellezza dei temporali," disse Timoteo alle sue amiche volanti. "Ho imparato che anche i momenti spaventosi possono essere pieni di magia e meraviglia."

Le amiche di Timoteo, felici per il cambiamento che avevano visto in lui, lo accolsero con affetto. Bianca, Luna e Rosa furono orgogliose di aver aiutato Timoteo a superare la sua paura e a scoprire il lato positivo della natura.

Da quel giorno, Timoteo non temette più i temporali. Ogni volta che il cielo si oscurava e i tuoni cominciavano a ruggire, Timoteo guardava fuori con curiosità e stupore, sapendo che dietro ogni tempesta c'era una nuova avventura e una nuova opportunità per scoprire la bellezza del mondo naturale.

E così, Timoteo e le sue amiche volanti continuarono a vivere le loro avventure, esplorando il mondo con un cuore aperto e una mente curiosa, pronti a scoprire la magia che si nascondeva in ogni angolo della loro straordinaria vita.

The Terrible Storm and the Adventures of Timoteo and His Flying Friends

Once upon a time, in a small village at the foot of green hills and lush forests, lived a boy named Timoteo. Timoteo was not an ordinary child; he was a born adventurer with an imagination that seemed boundless. But there was one thing he had always been afraid of: thunderstorms. Whenever the sky darkened and the sound of thunder filled the air, Timoteo would hide under his bed, trembling like a leaf.

One day, as the sky began to fill with dark, threatening clouds, Timoteo heard the familiar roar of thunder and saw lightning flash across the room. But this time, instead of hiding, he decided he had to face his fear. He was determined to discover what lay behind the terrible storm.

His curiosity led him to the backyard, where he found a group of his flying friends: Bianca the butterfly, Luna the dragonfly, and Rosa the bee. They were all worried about the approaching storm and were preparing to seek shelter. With a new sense of determination, Timoteo decided to ask them for help.

"Hi, friends!" exclaimed Timoteo with enthusiasm. "I've decided to face my fear of thunderstorms. I want to find out what really happens when a storm breaks out. Can you help me understand?"

Bianca the butterfly spread her colorful wings and replied, "It's not safe to go out during a storm. But if you really want to discover what's behind it all, we can find a safe place to observe."

Luna the dragonfly nodded with her sparkling wings. "I've heard of an ancient tower on the other hill. They say it's a special place from which you can watch any storm without being struck."

Rosa the bee added, "The tower is protected by magic that repels bad weather. If we can reach it, we might find out what really happens during a storm!"

With a clear goal and the support of his flying friends, Timoteo set out towards the hill. The wind was blowing hard, and the rain began to fall heavily, but Timoteo was not discouraged. His friends guided him through the forest and hills, crossing rushing streams and slippery terrain.

As they walked, Timoteo began to notice things he had never seen before. The falling rain had a melodic sound, and the raindrops sparkled like tiny gems. The lightning illuminated the sky, creating wonderful patterns of light and shadow.

Finally, after a long and arduous journey, they arrived at the base of the ancient tower. It was an imposing structure made of old stones and covered in moss. It seemed to stretch towards the sky like a guardian of the storms.

Timoteo and his friends entered the tower and found a tall, spacious room. The walls were decorated with ancient frescoes that told stories of heroes and legends. In the center of the room was a large window overlooking the stormy panorama.

With his heart in his throat, Timoteo looked out the window. The storm was majestic and powerful, with lightning tearing through the sky and thunder roaring like lions. But, as he observed, he realized that the storm was not just noise and chaos. There was a sort of beauty in the way nature unleashed itself.

Seeing the change in Timoteo's face, his friends encouraged him to focus on the magic of the storm. Bianca flew close to the window and said, "Look at how the lightning creates rainbows in the sky! And listen to how the rain sings a special song!"

Luna, with her sparkling wings, added, "Every storm brings with it new energy and new life. It's like a great cleansing for nature."

Rosa the bee chimed in with enthusiasm, "And think about the flowers and trees getting the water they need! Storms are an important part of life."

Timoteo, looking through the window, began to see the storm in a different light. It was no longer just a frightening phenomenon but a natural event full of wonder and meaning. The fear he had felt before began to fade, replaced by a sense of awe and admiration.

As time passed, the storm began to subside, and the sky started to clear. The sun began to peek through the clouds, and a colorful rainbow appeared in the sky, creating a breathtaking spectacle. Timoteo and his friends emerged from the tower and saw the landscape transformed by the storm: the flowers were more vibrant, the trees were refreshed, and the world seemed reborn.

"Thank you for helping me discover the beauty of storms," Timoteo said to his flying friends. "I've learned that even scary moments can be filled with magic and wonder."

Timoteo's friends, pleased with the change they had seen in him, welcomed him warmly. Bianca, Luna, and Rosa were proud to have helped Timoteo overcome his fear and discover the positive side of nature.

From that day on, Timoteo no longer feared storms. Whenever the sky darkened and the thunder began to roar, Timoteo looked out with curiosity and awe, knowing that behind every storm was a new adventure and a new opportunity to discover the beauty of the natural world.

And so, Timoteo and his flying friends continued to live their adventures, exploring the world with open hearts and curious minds, ready to discover the magic hidden in every corner of their extraordinary lives.